YOUR KNOWLEDGE HAS VALUE

Marla Rinwick

Recensione del terzo capitolo di 'L'italiano da scrivere'

GRIN Publishing

Bibliographic information published by the German National Library:

The German National Library lists this publication in the National Bibliography;
detailed bibliographic data are available on the Internet at http://dnb.dnb.de .

Imprint:

Copyright © 2013 GRIN Verlag, Open Publishing GmbH
Print and binding: Books on Demand GmbH, Norderstedt Germany
ISBN: 978-3-656-57550-4

This book at GRIN:

http://www.grin.com/en/e-book/231311/recensione-del-terzo-capitolo-di-l-italiano-da-scrivere

GRIN - Your knowledge has value

Since its foundation in 1998, GRIN has specialized in publishing academic texts by students, college teachers and other academics as e-book and printed book. The website www.grin.com is an ideal platform for presenting term papers, final papers, scientific essays, dissertations and specialist books.

Visit us on the internet:

http://www.grin.com/

http://www.facebook.com/grincom

http://www.twitter.com/grin_com

Recensione scientifica del terzo capitolo
„Lessico e formazione delle parole" in *L'Italiano da scrivere. Strutture,*
***risposte, proposte* di C. Giovanardi**

Alla ricerca dell'italiano standard

Vedendo le trasmissioni televisive negli ultimi anni e le sempre più diffuse carenze nella conoscenza della lingua italiana da parte dei presentatori, quasi si prova, a parte l'imbarazzo per essi, timore per il futuro dell'idioma. Anche la comunicazione scritta ha avuto un peggioramento negli ultimi tempi, soprattutto a causa del sempre più frequente uso d'Internet e SMS, che richiede spesso velocità e pragmatismo a dispetto di un corretto utilizzo della lingua. Claudio Giovanardi, pluriennale professore e direttore del dipartimento di Italianistica dell'Università degli Studi Roma Tre, nel suo volume *L'Italiano da scrivere. Strutture, risposte, proposte*, pubblicato nel 2010, cerca di dare una risposta al dilemma se esista ancora l'italiano standard. L'autore, nella premessa (cfr. pp. 1 sg.) ci fa sapere, che con questo volume si vuole soprattutto occupare di quegli aspetti dell'italiano scritto standard odierno, che sono "particolarmente 'sensibili', [aspetti che secondo lui] segnano una deriva e sembrano variamente destabilizzanti" (p. 1) per la lingua italiana. Il suo libro però non vuole essere una grammatica completa o un manuale di linguistica italiana con spiegazioni su tutto il sistema dell'italiano. Il gruppo destinatario sono sì gli alunni delle scuole secondarie e gli studenti all'università, ma soprattutto gli insegnanti, per liberarli, nella loro prassi didattica, dei dubbi concernenti le regole dell'italiano standard. Il filo conduttore del libro è la convinzione dell'esistenza di una lingua italiana standard di riferimento, che almeno nelle occasioni formali sia d'obbligo osservare. Di seguito prenderò in esame il terzo capitolo nel quale Giovanardi tratta di "Lessico e formazione delle parole". (vedi pp. 53 – 83)

Il terzo capitolo è diviso in quattro sottocapitoli principali, nel primo "Le parole" l'autore spiega quanti vocaboli ci sono nella lingua italiana in totale e quanti di solito ne vengono usati nelle conversazioni, sottolineando quanto sia necessario un vocabolario più ricco nella lingua scritta.

Nel secondo sottocapitolo "Parole e significanti" l'autore si occupa dei concetti *significante*, *referente* e *significato* mettendoli in relazione con il *contesto linguistico, extralinguistico* e *culturale*. Inoltre Giovanardi prende in esame i *sinonimi* e il loro uso corretto in relazione ai *registri linguistici* usati, avverte il lettore, che si deve fare molta attenzione nello scegliere i sinonimi, perché devono essere appropriati al contesto linguistico, al registro usato e alla situazione comunicativa. Avere la conoscenza di una parola secondo Giovanardi significa "saper individuare il contesto, il registro d'uso [e] le espressioni in cui occorre." (p. 1)

Il terzo sottocapitolo si occupa della questione di come è composto il lessico italiano. Prima l'autore entra nei particolari dell'eredità latina e delle lingue da essa nate, come l'italiano, spiega la differenza tra il *latino volgare* e quello *classico*, e come si distinguono i *latinismi colti* da quelli *popolari*. Nel paragrafo successivo si dedica ai *dialettismi, geosinonimi* e *regionalismi*, per poi descrivere come e perché si sono sviluppati e il ruolo dei termini nei *linguaggi settoriali*, distinguendo fra *tecnicismi lessicali* e *tecnicismi semantici*. Dopodiché Giovanardi affronta la questione delle parole prestate (chiamate *prestiti*) da lingue straniere e di come arrivano in una lingua, fornendo esempi per la lingua italiana. In particolare egli illustra in quali occasioni storiche venivano prese a prestito vocaboli dal greco classico, dal gotico, dal longobardo andando a arricchire la lista dei germanismi, arabismi, francesismi, provenzalismi e ispanismi della lingua italiana.

Di seguito in "Anglomania dei nostri giorni" l'autore esamina l'influenza dell'inglese sull'italiano, definendo *anglicismi* e *forestierismi* e in particolare i *falsi anglicismi* (o *pseudoanglicismi*) e i *falsi amici*. A questo proposito auspica un miglioramento del livello dell'insegnamento delle lingue straniere nelle scuole italiane. Per Giovanardi risulta evidente che gli italiani rispetto ai coetanei in Europa hanno maggiori problemi di esprimersi in modo accettabile sia in inglese sia nelle altre lingue europee. Secondo l'autore però questo problema non si risolve lasciando entrare nell'italiano parole inglesi, neppure comprese a pieno. Egli si lamenta di anglicismi come *ticketeria* per 'biglietteria' o *cottura time* per 'tempo di cottura' e riporta casi "allarmanti", nei quali alunni durante dettati hanno confuso la grafia italiana / latina con la pronuncia anglosassone. Di seguito Giovanardi tratta "Le parole che si perdono", cioè gli *arcaismi* e denuncia che addirittura ci sono interi settori che stanno rapidamente per cadere nell'oblio, come ad esempio quei vocaboli derivati da nomi mitologici oppure parole ed espressioni che rimandano a personaggi o episodi della Bibbia, spesso anche usati impropriamente. L'autore fa risalire questo problema alla società odierna, che non si esercita più né nella lettura né nella scrittura come succedeva solo qualche decennio fa. Di conseguenza il lessico italiano si immiserisce, soprattutto quello colto, e le competenze lessicali dei parlanti diminuiscono. Nel paragrafo seguente l'autore invece tratta il contrario degli arcaismi, i *neologismi*, spiegando come e perché nuove parole si sviluppano e come quelle già esistenti ricevano un nuovo significato. Giovanardi descrive anche il lavoro dei lessicografi che devono decidere, quali sono le parole nuove da inserire nei vocabolari. Poche chance in questo senso hanno ad esempio i cosiddetti *occasionalismi* o *modismi*, che sono legati a occasioni, eventi o personaggi, che prima o poi scompaiono.

Il terzo capitolo si conclude con la descrizione di *collocazioni* e *frasi idiomatiche*. Alla fine di ciò Giovanardi avverte il lettore delle difficoltà più comuni, anche per i parlanti madrelingua: lo scambio di due frasi idiomatiche differenti, la modifica di uno dei costituenti a scelta, l'utilizzo di un *parònimo*, cioè una parola formalmente simile, o di un sinonimo.

Il quarto sottocapitolo tratta della formazione delle parole, anche di quelle che derivano da altre già esistenti. Nel primo paragrafo l'autore determina le *parole derivate* e il processo della *derivazione*. Egli spiega cosa sono e come si formano gli *affissi*, distinguendoli tra *prefissati* e *suffissati* e ne illustra le diverse basi. In seguito Giovanardi si occupa degli *alterati*, chiamati anche *valutativi*, che sono una particolare classe di suffissati, precisando come si distinguono dagli altri suffissati e quali funzioni hanno. Relativamente a tali funzioni egli distingue tra *accrescitivi e diminutivi* e tra *vezzeggiativi e peggiorativi*. Alcune forme non indicano veri e propri alterati, ma parole ormai lessicalizzate, che hanno assunto un significato autonomo rispetto alla base.

Riguardo la formazione delle parole Giovanardi spiega i *parasintetici* e come si distingue un verbo parasintetico da un ordinario prefissato, passa poi alle parole composte definendo che cosa si intende per *composizione* e i suoi elementi *determinato*, *determinante* e *tema*, i *composti veri e propri*, *nuovi composti ibridi anglo-italiani*, *confissi* e *parole complesse*. I composti ibridi anglo-italiani secondo l'autore meritano particolare attenzione, poiché raffigurano un esempio importante del cosiddetto *itangliano*, lingua che fuori dal contesto giornalistico e da un registro scherzoso è da evitare, più elegante sarebbe un equivalente italiano o l'uso perifrasi, anche se sono meno efficaci. Relativo ai confissi Giovanardi denuncia il rischio di una diminuzione dell'autoconsapevolezza sociale e civile della popolazione determinata da una scarsa cognizione del patrimonio lessicale classico. Dopo di ciò l'autore si dedica alle *parole complesse* (o *unità polirematiche / lessicali superiori*) e le loro possibili varietà formali, per poi analizzare le *sigle* e gli *acronimi*, il cui significato non sempre è correttamente conosciuto, tantomeno le componenti lessicali. Infine Giovanardi definisce i *tamponamenti* e le *fusioni* (tra due o più parole) e descrive *abbreviazioni*, *accorciamenti* e *retroformazioni*, che è giusto impiegare soltanto in registri parlati meno formali. Alla fine del terzo capitolo egli spiega al lettore che cosa è la *conversione*, cioè la *transcategorizzazione*.

Questo volume di Giovanardi dà un riassunto della lingua scritta odierna, senza en-trare nei particolari, come annuncia già nella premessa, perché "non vuole essere [...] una trattazione esauriente della lingua italiana" (p. 1). Il libro è quasi una piccola enciclopedia di termini linguistici, però tutti ben collegati e ben strutturati tematicamente.

Nonostante il libro sia scritto tutto sommato in modo chiaro e facilmente comprensibile, formalmente si notano ogni tanto errori di ortografia e grammatica, e anche parole straniere tradotte in modo sbagliato. Inoltre ci sono soprattutto nel primo capitolo (ma anche nel terzo ce n'è una) citazioni, ma manca un registro di lettura alla fine del libro. Tra l'altro trasgredisce la regola dell'unità nei lavori scientifici scritti, perché nel primo capitolo (vedi pp. 3 – 30) mette le note a pié di pagina, mentre nel terzo passa all'indicazione di lettura direttamente nel testo dietro la citazione (vedi p. 68). Nella premessa spicca la definizione della parola "sensibile" come un anglicismo, che però non lo è. Viene dal latino-francese ed è invece un falso amico, perché nell'inglese la parola "sensibile" al contrario dell'italiano significa 'ragionevole'.

Riguardo il contenuto il lettore non apprende niente di nuovo sulla lingua italiana scritta tramite questo libro, le pretese che Giovanardi avanza sono conosciute da tanto tempo. Nonostante ciò egli rimane fedele al suo filo conduttore, che „consiste nel ribadire che un italiano standard di riferimento esiste e che, negli usi scritti di media/alta formalità, se ne deve tenere il dovuto conto". (p. 1)

Secondo me questo libro è utile per tutti gli studenti delle scuole secondarie e dell'università, ma anche per tutti coloro che vogliono rinfrescare le loro conoscenze dell'uso corretto della lingua italiana. Dal mio punto di vista però questo volume non è troppo utile per gli insegnanti, che invece Giovanardi sostiene siano „l'utente ideale" (p. 1), poiché tratta gli aspetti dell'italiano scritto in modo troppo superficiale: descrive regole che gli insegnanti sicuramente conoscono come l'abbicì.

Giovanardi, Claudio: *L'italiano da scrivere. Strutture, risposte, proposte.* **Napoli: Liguori Editore, 2010. Libro tascabile, 200 pp., 16,90 Euro. ISBN: 978-8-820-74895-1**